쓰기 노트

저자 | 흐닌위이마웅 (HNIN WUT YI MAUNG)

- 미얀마어 문자와 발음을 알기 쉽게 설명하고, 올바른 순서로 써볼 수 있도록 〈쓰기 노트〉 제공
- 기초 생활 표현과 어휘로 구성된 실용 대화문 학습
- 초급 단계의 필수 문법과 다양한 기초 어휘 정리
- 예비학습(자음과 모음의 발음 및 성조), 회화, 어휘, 듣기 문제 MP3 파일 제공

New
The 바른
미얀마어 ① STEP

/ 쓰기 노트 /

- 자음

- 복합자음

- 자음+모음

ECK Books

* 미얀마어 문자는 대부분 동그라미를 기반으로 하고 있다. 동그라미는 시계 방향으로 쓰고, 글자는 모두 왼쪽에서 오른쪽, 위에서 아래로 쓴다.

① 자음

က 까.	က	က				
ခ 카.	ခ	ခ				
ဂ 가.	ဂ	ဂ				
ဃ 가.	ဃ	ဃ				
င 응아.	င	င				
စ 싸.	စ	စ				
ဆ 사.	ဆ	ဆ				
ဇ 자.[z]	ဇ	ဇ				
ဈ 자.[z]	ဈ	ဈ				
ည 냐.	ည	ည				
ဋ 따.	ဋ	ဋ				

ဉ 타.	ဉ	ဉ			
ည 다.	ည	ည			
ဋ 다.	ဋ	ဋ			
ဌ 나.	ဌ	ဌ			
ဍ 따.	ဍ	ဍ			
ဎ 타.	ဎ	ဎ			
ဏ 다.	ဏ	ဏ			
တ 다.	တ	တ			
ထ 나.	ထ	ထ			
ဒ 빠.	ဒ	ဒ			
ဓ 파.	ဓ	ဓ			

ဗ 바.	ဗ	ဗ				
ဘ 바.	ဘ	ဘ				
မ 마.	မ	မ				
ယ 야.	ယ	ယ				
ရ 야.	ရ	ရ				
လ 라.	လ	လ				
ဝ 와.	ဝ	ဝ				
သ 따.[θ]	သ	သ				
ဟ 하.	ဟ	ဟ				
ဠ 라.	ဠ	ဠ				
အ 아.	အ	အ				

❷ 복합자음

● 복합자음 기호

야. (야.뼨:)					
야. (야.인.)					
와. (와.쇄:)					
하. (하.토:)					

* 모든 복합자음은 자음을 먼저 쓰고, 그 뒤에 복합자음 기호를 쓴다.

① 자음 + ┦ (야.뼨:)

짜.					
차.					
자.					
빠.					
퍄.					
뱌.					

ဗျ 먀.	ဗျ	ဗျ				
ယျ 랴.	ယျ	ယျ				

② 자음 + ြ (야.인.)

ဩ 짜.	ဩ	ဩ				
ဨ 차.	ဨ	ဨ				
ဧ 자.	ဧ	ဧ				
ြေ 냐.	ြေ	ြေ				
ြ 빠.	ြ	ြ				
ဧ 퍄.	ဧ	ဧ				
ြ 뱌.	ြ	ြ				
ြ 먀.	ြ	ြ				

③ 자음 + ◌ (와.쇄)

꽈.						
콰.						
과.						
응와.						
쏴.						
솨.						
좌.						
뉴와.						
똬.						
퇘.						
돠.						

ဒွ 돠.	ဒွ	ဒွ				
နွ 놔.	နွ	နွ				
ပွ 뽜.	ပွ	ပွ				
ဖွ 퐈.	ဖွ	ဖွ				
ဗွ 봐.	ဗွ	ဗွ				
ဘွ 봐.	ဘွ	ဘွ				
မွ 뫄.	မွ	မွ				
ယွ 유와.	ယွ	ယွ				
ရွ 유와.	ရွ	ရွ				
လွ 롸.	လွ	လွ				
သွ 똬.	သွ	သွ				

④ 자음 + ှ (하.토:)

ငှ 흥아.	ငှ	ငှ				
ညှ 흐냐.	ညှ	ညှ				
နှ 흐나.	နှ	နှ				
မှ 흐마.	မှ	မှ				
ယှ 샤.	ယှ	ယှ				
ရှ 샤.	ရှ	ရှ				
လှ 흘라.	လှ	လှ				
ဝှ 화.	ဝှ	ဝှ				

⑤ 자음 + ျွ (야.삔:와.쇄:) (ျ + ွ) (ျ → ွ 순서로 쓴다.)

ကျွ 짜.	ကျွ	ကျွ				
ချွ 차.	ချွ	ချွ				

좌.						

⑥ 자음 + ◌ (야.인.와.쇄:) (◌ + ◌) (◌ → ◌ 순서로 쓴다.)

짜.						
차.						
와.						

⑦ 자음 + ◌ (야.삔:하.토:) (◌ + ◌) (◌ → ◌ 순서로 쓴다.)

흐먀.						
흘랴./샤.						
샤.						

⑧ 자음 + ◌ (야.인.하.토:) (◌ + ◌) (◌ → ◌ 순서로 쓴다.)

흐먀.						

⑨ 자음 + ◌ᆞ (와.쇄:하.토:) (◌ᆞ + ᅵ) (◌ᆞ → ᅵ 순서로 쓴다.)

흐뉴와.						
흐놔.						
흐똬.						
슈와.						
흘똬.						

⑩ 자음 + ᄀ (야.인.와.쇄:하.토:) (ᄀ + ◌ᆞ + ᅵ) (ᄀ → ◌ᆞ → ᅵ 순서로 쓴다.)

흐똬.						

● 자음 + [아], [이] (각 1~3성조): 자음 → 모음 순서로 쓴다.

모음 / 자음	-ဲ့/-ႆ့ 아.	-ာ/-ါ 아	-ား/-ါး 아:	-ိ 이.	❶-ီ 이	-ီး 이:
က 까.	ကဲ့ 까.	ကာ 까	ကား 까:	ကိ 끼.	ကီ 끼	ကီး 끼:
	ကဲ့	ကာ	ကား	ကိ	ကီ	ကီး
ခ 카.	ခဲ့ 카.	ခါ 카	ခါး 카:	ခိ 키.	ခီ 키	ခီး 키:
	ခဲ့	ခါ	ခါး	ခိ	ခီ	ခီး

자음 \ 모음	-ာ့/-ါ့ 아.	-ာ/-ါ 아	-ား/-ါး 아:	-ိ 이.	-ီ 이	-ီး 이:
ဂ 가.	ဂါ့ 가.	ဂါ 가	ဂါး 가:	ဂိ 기.	ဂီ 기	ဂီး 기:
	ဂါ့	ဂါ	ဂါး	ဂိ	ဂီ	ဂီး
င 응아.	ငါ့ 응아.	ငါ 응아	ငါး 응아:	ငိ 응이.	ငီ 응이	ငီး 응이:
	ငါ့	ငါ	ငါး	ငိ	ငီ	ငီး

모음 / 자음	-ာ့/-ါ့ 아.	-ာ/-ါ 아	-ား/-ါး 아:	-ိ 이.	-ီ 이	-ီး 이:
စ 싸.	စာ့ 싸.	စာ 싸	စား 싸:	စိ 씨.	စီ 씨	စီး 씨:
	စာ့	စာ	စား	စိ	စီ	စီး
သ 사.	သာ့ 사.	သာ 사	သား 사:	သိ 시.	သီ 시	သီး 시:
	သာ့	သာ	သား	သိ	သီ	သီး

모음 / 자음	-ၣ/-ၣ 아.	-ၥ/-ၣ 아	-ၥး/-ၣး 아:	ိ 이.	ီ 이	ိး 이:
ဇ 자.[z]	ဇၣ 자.	ဇၥ 자	ဇၥး 자:	ဇိ 지.	ဇီ 지	ဇိး 지:
	ဇၣ	ဇၥ	ဇၥး	ဇိ	ဇီ	ဇိး
ည 냐.	ညၣ 냐.	ညၥ 냐	ညၥး 냐:	ညိ 니.[nyi.]	ညီ 니[nyi]	ညိး 니:[nyi:]
	ညၣ	ညၥ	ညၥး	ညိ	ညီ	ညိး

모음 \ 자음	-ၟ/-ႃ 아.	-ၟ/-ႃ 아	-ၟး/-ႃး 아:	ိ 이.	ီ 이	ီး 이:
ဈ 따.	တၟ 따.	တာ 따	တား 따:	တိ 띠.	တီ 띠	တီး 띠:
	တၟ	တာ	တား	တိ	တီ	တီး
ထ 타.	ထၟ 타.	ထာ 타	ထား 타:	ထိ 티.	ထီ 티	ထီး 티:
	ထၟ	ထာ	ထား	ထိ	ထီ	ထီး

모음 / 자음	-ၞ/-ၞ့ 아.	-ၟ/-ၟ 아	-ၟး/-ၟး 아:	ိ 이.	ၐ 이	ိး 이:
ဒ 다.	ဒၞ့ 다.	ဒၟ 다	ဒၟး 다:	ဒိ 디.	ဒီ 디	ဒီး 디:
	ဒၞ့	ဒၟ	ဒၟး	ဒိ	ဒီ	ဒီး
ဝ 다.	ဝၞ့ 다.	ဝၟ 다	ဝၟး 다:	ဝိ 디.	ဝီ 디	ဝီး 디:
	ဝၞ့	ဝၟ	ဝၟး	ဝိ	ဝီ	ဝီး

모음 자음	-့/-ႂ 아.	-ာ/-ါ 아	-ား/-ါး 아:	ိ 이.	ီ 이	ိ: 이:
န 나.	န့ 나.	နာ 나	နား 나:	နိ 니.	နီ 니	နီး 니:
	န့ (연습)	နာ (연습)	နား (연습)	နိ (연습)	နီ (연습)	နီး (연습)
ပ 빠.	ပ့ 빠.	ပါ 빠	ပါး 빠:	ပိ 삐.	ပီ 삐	ပီး 삐:
	ပ့ (연습)	ပါ (연습)	ပါး (연습)	ပိ (연습)	ပီ (연습)	ပီး (연습)

모음 자음	-ႃ/-ႃ 아.	-ႃ/-ႃ 아	-ႃး/-ႃး 아:	◌ိ 이.	◌ီ 이	◌ီး 이:
ပ 파.	ပႃ 파.	ပႃ 파	ပႃး 파:	ပိ 피.	ပီ 피	ပီး 피:
	ပႃ	ပႃ	ပႃး	ပိ	ပီ	ပီး
ဗ 바.	ဗႃ 바.	ဗႃ 바	ဗႃး 바:	ဗိ 비.	ဗီ 비	ဗီး 비:
	ဗႃ	ဗႃ	ဗႃး	ဗိ	ဗီ	ဗီး

모음 / 자음	-ာ့/-ါ့ 아.	-ာ/-ါ 아	-ား/-ါး 아:	-ိ 이.	❶-ီ 이	-ီး 이:
ဘ 바.	ဘာ့ 바.	ဘာ 바	ဘား 바:	ဘိ 비.	ဘီ 비	ဘီး 비:
	ဘာ့	ဘာ	ဘား	ဘိ	ဘီ	ဘီး
မ 마.	မာ့ 마.	မာ 마	မား 마:	မိ 미.	မီ 미	မီး 미:
	မာ့	မာ	မား	မိ	မီ	မီး

모음 / 자음	-ာ့/-ါ့ 아.	-ာ/-ါ 아	-ား/-ါး 아:	-ိ 이.	-ီ 이	-ီး 이:
ယ 야.	ယာ့ 야.	ယာ 야	ယား 야:	ယိ 이.[yi.]	ယီ 이[yi]	ယီး 이:[yi:]
	ယာ့	ယာ	ယား	ယိ	ယီ	ယီး
ရ 야.	ရာ့ 야.	ရာ 야	ရား 야:	ရိ 이.[yi.]	ရီ 이[yi]	ရီး 이:[yi:]
	ရာ့	ရာ	ရား	ရိ	ရီ	ရီး

모음 / 자음	-ဲ့/-ိ 아.	-ာ/-ါ 아	-ား/-ါး 아:	-ိ 이.	-ီ 이	-ီး 이:
လ 라.[l]	လဲ့ 라.	လာ 라	လား 라:	လိ 리.	လီ 리	လီး 리:
	လဲ့	လာ	လား	လိ	လီ	လီး
ဝ 와.	ဝဲ့ 와.	ဝါ 와	ဝါး 와:	ဝိ 위.	ဝီ 위	ဝီး 위:
	ဝဲ့	ဝါ	ဝါး	ဝိ	ဝီ	ဝီး

모음 자음	-ွ/-ႂ 아.	-ာ/-ါ 아	-ား/-ါး 아:	ိ 이.	ီ 이	ီး 이:
သ 따.[θ]	သွ 따.	သာ 따	သား 따:	သိ 띠.	သီ 띠	သီး 띠:
	သွ	သာ	သား	သိ	သီ	သီး
ဟ 하.	ဟွ 하.	ဟာ 하	ဟား 하:	ဟိ 히.	ဟီ 히	ဟီး 히:
	ဟွ	ဟာ	ဟား	ဟိ	ဟီ	ဟီး

모음 자음	-ွ/-ှ 아.	-ာ/-ါ 아	-ား/-ါး 아:	◌ိ 이.	◌ီ 이	◌ီး 이:
အ 아.	အွ 아.	အာ 아	အား 아:	အိ 이.	အီ 이	အီး 이:
	အွ	အာ	အား	အိ	အီ	အီး

● 자음 + [우], [에이] (각 1~3성조): [우] 결합은 자음 → 모음 순서, [에이] 결합은 앞에서부터 차례대로 쓴다.

모음 / 자음	-ု 우.	-ူ 우	-ူး 우:	❶ေ-့ 에이.	ေ- 에이	ေ-း 에이:
က 까.	ကု 꾸.	ကူ 꾸	ကူး 꾸:	ကေ့ 께이.	ကေ 께이	ကေး 께이:
	ကု	ကူ	ကူး	ကေ့	ကေ	ကေး
ခ 카.	ခု 쿠.	ခူ 쿠	ခူး 쿠:	ခေ့ 케이.	ခေ 케이	ခေး 케이:
	ခု	ခူ	ခူး	ခေ့	ခေ	ခေး

모음 / 자음	◌ॖ 우.	◌ॗ 우	◌ॗः 우:	ေ◌ॖ 에이.	ေ◌ 에이	ေ◌ः 에이:
က 가.	ကु 구.	ကू 구	ကूः 구:	ကေ 게이.	ကေ 게이	ကေः 게이:
	ကु	ကू	ကूः	ကေ	ကေ	ကေः
င 응아.	ငु 응우.	ငू 응우	ငूः 응우:	ငေ 응에이.	ငေ 응에이	ငေः 응에이:
	ငु	ငू	ငूः	ငေ	ငေ	ငေः

모음 / 자음	◌ု 우.	◌ူ 우	◌ူ° 우:	ေ◌့ 에이.	ေ◌ 에이	ေ◌း 에이:
ဆ 싸.	ဆု 쑤.	ဆူ 쑤	ဆူး 쑤:	ေဆ့ 쎄이.	ေဆ 쎄이	ေဆး 쎄이:
	ဆု	ဆူ	ဆူး	ေဆ့	ေဆ	ေဆး
သ 사.	သု 수.	သူ 수	သူး 수:	ေသ့ 세이.	ေသ 세이	ေသး 세이:
	သု	သူ	သူး	ေသ့	ေသ	ေသး

모음 자음	ီ 우.	ူ 우	ူး 우:	ေ့ 에이.	ေ 에이	ေး 에이:
ဇ 자.[z]	ဇီ 주.	ဇူ 주	ဇူး 주:	ဇေ့ 제이.	ဇေ 제이	ဇေး 제이:
	ဇီ	ဇူ	ဇူး	ဇေ့	ဇေ	ဇေး
ည 냐.	ညီ 뉴.	ညူ 뉴	ညူး 뉴:	ညေ့ 네이.	ညေ 네이	ညေး 네이:
	ညီ	ညူ	ညူး	ညေ့	ညေ	ညေး

모음 ⟍ 자음	‾ㅣ 우.	‾ㅣㄴ 우	‾ㅣㄴ° 우:	၆-° 에이.	၆- 에이	၆-° 에이:
ထ 따.	ထု 뚜.	ထုူ 뚜	ထုူး 뚜:	ေထာ့ 떼이.	ေထာ 떼이	ေထား 떼이:
	ထု	ထုူ	ထုူး	ေထာ့	ေထာ	ေထား
ဿ 타.	ဿု 투.	ဿုူ 투	ဿုူး 투:	ေဿာ့ 테이.	ေဿာ 테이	ေဿား 테이:
	ဿု	ဿုူ	ဿုူး	ေဿာ့	ေဿာ	ေဿား

모음 \ 자음	우.	우	우:	에이.	에이	에이:
3 다.	두.	두	두:	데이.	데이	데이:
၀ 다.	두.	두	두:	데이.	데이	데이:

모음 / 자음	-ု 우.	-ူ 우	-ူး 우:	ေ-့ 에이.	ေ- 에이	ေ-း 에이:
န 나.	နု 누.	နူ 누	နူး 누:	နေ့ 네이.	နေ 네이	နေး 네이:
	နု	နူ	နူး	နေ့	နေ	နေး
ပ 빠.	ပု 뿌.	ပူ 뿌	ပူး 뿌:	ပေ့ 뻬이.	ပေ 뻬이	ပေး 뻬이:
	ပု	ပူ	ပူး	ပေ့	ပေ	ပေး

모음 자음	우.	우	우:	에이.	에이	에이:
	푸.	푸	푸:	페이.	페이	페이:
파.						
	부.	부	부:	베이.	베이	베이:
바.						

모음 / 자음	◌ॖ 우.	◌ॗ 우	◌ॗॗ 우:	◌ 에이.	◌ 에이	◌ 에이:
ဘ 바.	ဘု 부.	ဘူ 부	ဘူး 부:	ဘော့ 베이.	ဘော 베이	ဘေား 베이:
	ဘု	ဘူ	ဘူး	ဘော့	ဘော	ဘေား
မ 마.	မု 무.	မူ 무	မူး 무:	မော့ 메이.	မော 메이	မေား 메이:
	မု	မူ	မူး	မော့	မော	မေား

모음 / 자음	ီ 우.	ီ 우	ီ: 우:	ေ ◌ 에이.	ေ 에이	ေ: 에이:
ယ 야.	ယု 유.	ယူ 유	ယူး 유:	ယေ့ 예이.	ယေ 예이	ယေး 예이:
	ယု	ယူ	ယူး	ယေ့	ယေ	ယေး
ရ 야.	ရု 유.	ရူ 유	ရူး 유:	ရေ့ 예이.	ရေ 예이	ရေး 예이:
	ရု	ရူ	ရူး	ရေ့	ရေ	ရေး

모음 / 자음	$\bar{\text{I}}$ 우.	$\bar{\text{II}}$ 우	$\bar{\text{II}}$° 우:	၆- 에이.	၆- 에이	၆-: 에이:
ဣ 라.[l]	လု 루.	လူ 루	လူး 루:	လေ့ 레이.	လေ 레이	လေး 레이:
	လု	လူ	လူး	လေ့	လေ	လေး
ဝ 와,	ဝု 우.	ဝူ 우	ဝူး 우:	ဝေ့ 웨이.	ဝေ 웨이	ဝေး 웨이:
	ဝု	ဝူ	ဝူး	ဝေ့	ဝေ	ဝေး

모음 / 자음	◌ 우.	◌ 우	◌ 우:	ေ◌ 에이.	ေ◌ 에이	ေ◌း 에이:
သ 따.[θ]	သု 뚜.	သူ 뚜	သူး 뚜:	သေ့ 떼이.	သေ 떼이	သေး 떼이:
	သု	သူ	သူး	သေ့	သေ	သေး
ဟ 하.	ဟု 후.	ဟူ 후	ဟူး 후:	ဟေ့ 헤이.	ဟေ 헤이	ဟေး 헤이:
	ဟု	ဟူ	ဟူး	ဟေ့	ဟေ	ဟေး

모음 자음	-ုံ 우.	-ူ 우	-ူး 우:	ေ-့ 에이.	ေ- 에이	ေ-း 에이:
	အု 우.	အူ 우	အူး 우:	ေအ့ 에이.	ေအ 에이	ေအး 에이:
အ 아.	အု	အူ	အူး	ေအ့	ေအ	ေအး

● 자음 + [에], [어]: [에] 결합은 자음 → 모음 순서, [어] 결합은 앞에서부터 차례대로 쓴다.

모음 자음	ိ/-ယ့် 에.	-ယ် 에	ႛ 에:	ေ-ာ့ 어.	ေ-ာ် 어	ေ-ာ 어:
က 까.	ကဲ့/ကယ့် 께.	ကယ် 께	ကဲ 께:	ကော့ 꺼.	ကော် 꺼	ကော 꺼:
	ကဲ့/ကယ့်	ကယ်	ကဲ	ကော့	ကော်	ကော
ခ 카.	ခဲ့/ခယ့် 케.	ခယ် 케	ခဲ 케:	ခေါ့ 커.	ခေါ် 커	ခေါ 커:
	ခဲ့/ခယ့်	ခယ်	ခဲ	ခေါ့	ခေါ်	ခေါ

모음 자음	◌ֵ/-ယ္	-ယ္	◌ֵ	ေ-ာ္	ေ-ာ္	ေ-ာ
	에.	에	에:	어.	어	어:
ဂ 가.	ဂဲ/ဂယ့်	ဂယ်	ဂဲ	ဂေါ့	ဂေါ်	ဂေါ
	게.	게	게:	거.	거	거:
	ဂဲ/ဂယ့်	ဂယ်	ဂဲ	ဂေါ့	ဂေါ်	ဂေါ
င 응아.	ငဲ/ငယ့်	ငယ်	ငဲ	ငေါ့	ငေါ်	ငေါ
	응에.	응에	응에:	응어.	응어	응어:
	ငဲ/ငယ့်	ငယ်	ငဲ	ငေါ့	ငေါ်	ငေါ

모음 자음	-ֹ /-ֻ ◌ဲ̣	-ယ်	-ֻ	◌ေ-ာ့	◌ေ-ာ်	ေ-ာ
	에.	에	에:	어.	어	어:
စ 싸.	စဲ့/စယဲ့ 쎄.	စယ် 쎄	စဲ 쎄:	စတော့ 써.	စတော် 써	စတော 써:
	စဲ့/စယဲ့	စယ်	စဲ	စတော့	စတော်	စတော
ဆ 사.	ဆဲ့/ဆယဲ့ 세.	ဆယ် 세	ဆဲ 세:	ဆတော့ 서.	ဆတော် 서	ဆတော 서:
	ဆဲ့/ဆယဲ့	ဆယ်	ဆဲ	ဆတော့	ဆတော်	ဆတော

모음 / 자음	ႜ:/-ယ့်ႜ	-ယ်	ႜ:	ေ-ာ့	ေ-ာ်	ေ-ာ
	에.	에	에:	어.	어	어:
ဇ 자.[z]	ဇဲ/ဇယ့်	ဇယ်	ဇဲ	ဇော့	ဇော်	ဇော
	제.	제	제:	저.	저	저:
	ဇဲ/ဇယ့်	ဇယ်	ဇဲ	ဇော့	ဇော်	ဇော
ည 냐.	ညဲ/ညယ့်	ညယ်	ညဲ	ညော့	ညော်	ညော
	녜.	녜	녜:	녀.	녀	녀:
	ညဲ/ညယ့်	ညယ်	ညဲ	ညော့	ညော်	ညော

모음 / 자음	∶-/-ည့် ④③⑤ ②	-ယ်	∶-	⊖-့	⊖-်	⊖-ာ
	에.	에	에:	어.	어	어:
ထ 따.	တဲ့/တယ့် 떼.	တယ် 떼	တဲ 떼:	တော့ 떠.	တော် 떠	တော 떠:
	တဲ့/တယ့်	တယ်	တဲ	တော့	တော်	တော
ထ 타.	ထဲ့/ထယ့် 테.	ထယ် 테	ထဲ 테:	ထော့ 터.	ထော် 터	ထော 터:
	ထဲ့/ထယ့်	ထယ်	ထဲ	ထော့	ထော်	ထော

모음 / 자음	-ဲ့/-ွဲ့ 에.	-ယ် 에	-ဲ 에:	ေ-ာ့ 어.	ေ-ာ် 어	ေ-ာ 어:
ဒ 다.	ဒဲ့/ဒွဲ့ 데.	ဒယ် 데	ဒဲ 데:	ဒေါ့ 더.	ဒေါ် 더	ဒေါ 더:
	ဒဲ့/ဒွဲ့	ဒယ်	ဒဲ	ဒေါ့	ဒေါ်	ဒေါ
ဝ 다.	ဝဲ့/ဝွဲ့ 데.	ဝယ် 데	ဝဲ 데:	ဝေါ့ 더.	ဝေါ် 더	ဝေ 더:
	ဝဲ့/ဝွဲ့	ဝယ်	ဝဲ	ဝေါ့	ဝေါ်	ဝေ

모음 자음	◌ွ/-ယ့် 에.	-ယ် 에	◌ဲ 에:	ေ-ာ့ 어.	ေ-ာ် 어	ေ-ာ 어:
န 나.	နဲ့/နယ့် 네.	နယ် 네	နဲ 네:	နော့ 너.	နော် 너	နော 너:
	နဲ့/နယ့်	နယ်	နဲ	နော့	နော်	နော
ပ 빠.	ပွဲ/ပယ့် 뻬.	ပယ် 뻬	ပဲ 뻬:	ပေါ့ 뿨.	ပေါ် 뿨	ပေါ 뿨:
	ပွဲ/ပယ့်	ပယ်	ပဲ	ပေါ့	ပေါ်	ပေါ

모음 / 자음	◌ႂ်/-ယ့် 에.	-ယ် 에	-ဲ 에:	ေ-ာ့ 어.	ေ-ာ် 어	ေ-ာ 어:
ဖ 파.	ဖဲ့/ဖယ့် 페.	ဖယ် 페	ဖဲ 페:	ဖော့ 퍼.	ဖော် 퍼	ဖော 퍼:
	ဖဲ့/ဖယ့်	ဖယ်	ဖဲ	ဖော့	ဖော်	ဖော
ဗ 바.	ဗဲ့/ဗယ့် 베.	ဗယ် 베	ဗဲ 베:	ဗော့ 버.	ဗော် 버	ဗော 버:
	ဗဲ့/ဗယ့်	ဗယ်	ဗဲ	ဗော့	ဗော်	ဗော

모음 자음	◌ႍ/-ယ့် 에.	-ယ် 에	◌ဲ 에:	ေ-ာ့ 어.	ေ-ာ် 어	ေ-ာ 어:
ဘ 바.	ဘဲ့/ဘယ့် 베.	ဘယ် 베	ဘဲ 베:	ဘော့ 버.	ဘော် 버	ဘော 버:
	ဘဲ့/ဘယ့်	ဘယ်	ဘဲ	ဘော့	ဘော်	ဘော
မ 마.	မဲ့/မယ့် 메.	မယ် 메	မဲ 메:	မော့ 머.	မော် 머	မော 머:
	မဲ့/မယ့်	မယ်	မဲ	မော့	မော်	မော

모음 / 자음	-ိ/-ယ့် 에.	-ယ် 에	-ဲ 에:	ေ-ာ့ 어.	ေ-ာ် 어	ေ-ာ 어:
ယ 야.	ယဲ့/ယယ့် 예.	ယယ် 예	ယဲ 예:	ယော့ 여.	ယော် 여	ယော 여:
	ယဲ့/ယယ့်	ယယ်	ယဲ	ယော့	ယော်	ယော
ရ 야.	ရဲ့/ရယ့် 예.	ရယ် 예	ရဲ 예:	ရော့ 여.	ရော် 여	ရော 여:
	ရဲ့/ရယ့်	ရယ်	ရဲ	ရော့	ရော်	ရော

모음　　　자음	᠂/-ᤲ᠈ 에.	-ᤰ 에	᠂ 에:	ᥱ-ᤲ᠈ 어.	ᥱ-ᤲ᠈ 어	ᥱ-ᤲ 어:
လ 라.[l]	လဲ/လယ့် 레.	လယ် 레	လဲ 레:	လော့ 러.	လော် 러	လော 러:
	လဲ/လယ့်	လယ်	လဲ	လော့	လော်	လော
ဝ 와.	ဝဲ/ဝယ့် 웨.	ဝယ် 웨	ဝဲ 웨:	ဝော့ 워.	ဝော် 워	ဝေါ 워:
	ဝဲ/ဝယ့်	ဝယ်	ဝဲ	ဝော့	ဝော်	ဝေါ

모음 자음	◌ဲ့/-ယ့်◌	-ယ်	◌ဲ	ေ◌ာ့	ေ◌ာ်	ေ◌ာ
	에.	에	에:	어.	어	어:
သ 따.[θ]	သဲ့/သယ့် 떼.	သယ် 떼	သဲ 떼:	သော့ 떠.	သော် 떠	သော 떠:
	သဲ့/သယ့်	သယ်	သဲ	သော့	သော်	သော
ဟ 하.	ဟဲ့/ဟယ့် 헤.	ဟယ် 헤	ဟဲ 헤:	ဟော့ 허.	ဟော် 허	ဟော 허:
	ဟဲ့/ဟယ့်	ဟယ်	ဟဲ	ဟော့	ဟော်	ဟော

모음 자음	◌ֲ/-ဲ့	-ယ်	◌ֳ	ေ-ာ့	ေ-ာ်	ေ-ာ
	에.	에	에:	어.	어	어:
အ 아.	အဲ့/အယ့် 에.	အယ် 에	အဲ 에:	အော့ 어.	အော် 어	အော 어:
	အဲ့/အယ့်	အယ်	အဲ	အော့	အော်	အော

● 자음 + [앙], [오] (각 1~3성조): 자음 → 모음 순서로 쓴다.

모음 자음	◌ᚗ 앙.	◌ᚖ 앙	◌န်း 앙:	◌ᚘ 오.	◌ᚙ 오	◌ᚚ 오:
** က** 까.	ကံ့ 깡.	ကံ 깡	ကန်း 깡:	ကို့ 꼬.	ကို 꼬	ကိုး 꼬:
	ကံ့	ကံ	ကန်း	ကို့	ကို	ကိုး
ခ 카.	ခံ့ 캉.	ခံ 캉	ခန်း 캉:	ခို့ 코.	ခို 코	ခိုး 코:
	ခံ့	ခံ	ခန်း	ခို့	ခို	ခိုး

모음 \ 자음	앙.	앙	앙:	오.	오	오:
	၁ဲ့ 강.	၁ဲ 강	၁ဲ့း 강:	၁ဲ 고.	၁ဲ 고	၁ဲး 고:
	၁ဲ့	၁ဲ	၁ဲ့း	၁ဲ	၁ဲ	၁ဲး
၁ 가.						
	၉ 응앙.	၉ 응앙	၉း 응앙:	၉ 응오.	၉ 응오	၉း 응오:
	၉	၉	၉း	၉	၉	၉း
၉ 응아.						

모음 자음	◌ꨠ 앙.	◌ꨠ 앙	-ꨠꨵꩃ 앙:	◌ꨵ 오.	◌ꨵ 오	◌ꨵꩃ 오:
ဝ 싸.	ဝ̇ 쌍.	ဝ̇ 쌍	ဝꩩꩃ 쌍:	ဝ̣ 쏘.	ဝ̣ 쏘	ဝ̣ꩃ 쏘:
	ဝ̇	ဝ̇	ဝꩩꩃ	ဝ̣	ဝ̣	ဝ̣ꩃ
ဆ 사.	ဆ̇ 상.	ဆ̇ 상	ဆꩩꩃ 상:	ဆ̣ 소.	ဆ̣ 소	ဆ̣ꩃ 소:
	ဆ̇	ဆ̇	ဆꩩꩃ	ဆ̣	ဆ̣	ဆ̣ꩃ

모음 / 자음	$\overset{\circ}{-}$ 앙.	$\overset{\cdot}{-}$ 앙	$-\overset{\circ}{\xi}$ 앙:	$\overset{\circ}{\underset{\mathsf{I}}{\circ}}$ 오.	$\overset{\circ}{\underset{\mathsf{I}}{}}$ 오	$\overset{\circ}{\underset{\mathsf{I}}{\circ}}$ 오:
ဇ 자.[z]	ဇ̣ 장.	ဇ̇ 장	ဇန်း 장:	ဇ̣ 조.	ဇ 조	ဇ̣ 조:
	ဇ̣	ဇ̇	ဇန်း	ဇ̣	ဇ	ဇ̣
ည 냐.	ည̣ 냥.	ည̇ 냥	ညန်း 냥:	ည̣ 뇨.	ည 뇨	ည̣ 뇨:
	ည̣	ည̇	ညန်း	ည̣	ည	ည̣

모음 / 자음	$-\overset{\circ}{:}$ 앙.	$-\overset{\circ}{}$ 앙	$-\overset{\mathsf{C}}{:}$ 앙:	$\overset{\circ}{\mathsf{l}}$ 오.	$\overset{\circ}{\mathsf{l}}$ 오	$\overset{\circ}{\mathsf{l}}\overset{\circ}{:}$ 오:
ဿ 따.	တံ့ 땅.	တံ 땅	တန်း 땅:	တို့ 또.	တို 또	တိုး 또:
	တံ့	တံ	တန်း	တို့	တို	တိုး
ထ 타.	ထံ့ 탕.	ထံ 탕	ထန်း 탕:	ထို့ 토.	ထို 토	ထိုး 토:
	ထံ့	ထံ	ထန်း	ထို့	ထို	ထိုး

모음 자음	앙.	앙	앙:	오.	오	오:
ဒ 다.	당.	당	당:	도.	도	도:
ၒ 다.	당.	당	당:	도.	도	도:

모음 자음	앙.	앙	앙:	오.	오	오:
	낭.	낭	낭:	노.	노	노:
ၐ 나.						
	빵.	빵	빵:	뽀.	뽀	뽀:
ပ 빠.						

모음\자음	◌ָ 앙.	◌ֵ 앙	-ֶ: 앙:	◌ַ 오.	◌ֻ 오	◌ֻ: 오:
ပ 파.	ပ̇ 팡.	ပ̇ 팡	ပင်း 팡:	ပ̣ 포.	ပ̣ 포	ပ̣: 포:
	ပ̇	ပ̇	ပင်း	ပ̣	ပ̣	ပ̣:
ဗ 바.	ဗ̇ 방.	ဗ̇ 방	ဗင်း 방:	ဗ̣ 보.	ဗ̣ 보	ဗ̣: 보:
	ဗ̇	ဗ̇	ဗင်း	ဗ̣	ဗ̣	ဗ̣:

모음 \ 자음	-ံ 앙.	-ံ 앙	- န်း 앙:	-ုံ 오.	-ုံ 오	-ုံး 오:
သ 바.	ဘံ 방.	ဘံ 방	ဘန်း 방:	ဘုံ 보.	ဘုံ 보	ဘုံး 보:
	ဘံ	ဘံ	ဘန်း	ဘုံ	ဘုံ	ဘုံး
မ 마.	မံ 망.	မံ 망	မန်း 망:	မုံ 모.	မုံ 모	မုံး 모:
	မံ	မံ	မန်း	မုံ	မုံ	မုံး

모음 자음	◌ॖ 앙.	◌ঁ 앙	-ঁং 앙:	◌ॖ 오.	◌ 오	◌ॖং 오:
ဃ 야.	ယ့ 양.	ယံ 양	ယန်း 양:	ယ့ 요.	ယိ 요	ယိုး 요:
	ယ့	ယံ	ယန်း	ယ့	ယိ	ယိုး
ရ 야.	ရံ့ 양.	ရံ 양	ရန်း 양:	ရိ့ 요.	ရိ 요	ရိုး 요:
	ရံ့	ရံ	ရန်း	ရိ့	ရိ	ရိုး

모음 / 자음	◌ံ့ 앙.	◌ံ 앙	-◌င်း 앙:	◌ို့ 오.	◌ို 오	◌ိုး 오:
လ 라.[l]	လံ့ 랑.	လံ 랑	လန်း 랑:	လို့ 로.	လို 로	လိုး 로:
	လံ့	လံ	လန်း	လို့	လို	လိုး
ဝ 와.	ဝံ့ 윙.	ဝံ 윙	ဝန်း 윙:	ဝို့ 우오.	ဝို 우오	ဝိုး 우오:
	ဝံ့	ဝံ	ဝန်း	ဝို့	ဝို	ဝိုး

모음 / 자음	◌ုံ့ 앙.	◌ုံ 앙	◌ုန်း 앙:	◌ုဲ့ 오.	◌ုဲ 오	◌ုဲး 오:
သ 따.[θ]	သုံ့ 땅.	သုံ 땅	သန်း 땅:	သို့ 또.	သို 또	သိုး 또:
	သုံ့	သုံ	သန်း	သို့	သို	သိုး
ဟ 하.	ဟုံ့ 항.	ဟုံ 항	ဟန်း 항:	ဟို့ 호.	ဟို 호	ဟိုး 호:
	ဟုံ့	ဟုံ	ဟန်း	ဟို့	ဟို	ဟိုး

모음 / 자음	$\overset{\circ}{-}$ 앙.	$\overset{\circ}{-}$ 앙	$-\overset{\mathrm{c}}{-}\mathrm{:}$ 앙:	$\overset{\circ}{\underset{\mathrm{l}}{-}}$ 오.	$\underset{\mathrm{l}}{-}$ 오	$\overset{\circ}{\underset{\mathrm{l}}{-}}\mathrm{:}$ 오:
	အံ့ 앙.	အံ 앙	အန်း 앙:	အို့ 오.	အို 오	အိုး 오:
	အံ့	အံ	အန်း	အို့	အို	အိုး
အ 아.						

똑똑하게 시작하는
미얀마어 입문 학습서

미얀마어 문자와 발음부터 기초 문법까지,
한 권으로 똑똑하게 초보딱지 떼자!

■ **이 책의 구성**

• **예비학습**
미얀마어의 자음과 모음, 복합자음, 받침 등 미얀마어 문자와 발음을 자세히 설명합니다.

• **회화**
일상생활을 주제로 한 기초 대화문을 학습합니다. 유용한 생활 표현과 어휘를 익혀보세요.

• **문법**
회화 속 핵심 문법 사항들을 학습합니다. 미얀마어 입문 및 초급 단계의 필수 문법을 다양한 예문과 함께 이해하기 쉽게 설명합니다.

• **연습문제**
학습한 내용을 복습하고 정리할 수 있도록 듣기, 말하기, 쓰기 등 다양한 형식의 문제를 제공합니다.

• **어휘**
일상생활과 관련된 다양한 기초 어휘를 학습합니다.

• **미얀마를 소개합니다**
미얀마의 다양한 문화와 생활방식 등을 소개합니다.

• **쓰기 노트**
미얀마어의 자음과 모음, 복합자음, 자음과 모음의 결합 형태 등을 올바른 순서로 써볼 수 있도록 〈쓰기 노트〉를 부록으로 제공합니다.

■ **MP3 무료 다운로드**

• 본 교재의 **MP3** 파일은 **www.eckbooks.kr**에서 무료로 다운로드 받을 수 있습니다.

※본 교재의 동영상 강의는 **www.eckonline.kr**에서 수강 가능합니다.